Alexander Holzach

Sagitário
o signo determinado

De 22 de novembro a 21 de dezembro

Se enfileirar em algum lugar junto à massa?

Não é para o signo de sagitário!

Seu lema é: viva diferente e o resto que se dane!

Sagitário precisa ter sempre um programa completo

E dos bons.

Ele precisa de muito exercício...

...e um estalo de tensão.

Para este signo, monotonia é...

...insuportável.

'or isso, ele sempre se mete em situações de risco.

Sagitário está constantemente em busca...

...de novos desafios.

E quando encontra um...

...logo sai à procura de um novo.

Às vezes, esse signo exagera...

...e precisa aprender a dar o tom correto!

Sagitário quer brilhar naquilo que faz.

Quando não alcança seus objetivos

...procura logo um culpado...

...e faz uma nova tentativa
até que tudo saia perfeito!

Às vezes, sagitário também gosta
de dar uma chance aos outros.

Especialmente para apontar os erros.

Quando algum defeito está escondido em algum lugar

...sagitário consegue encontrá-lo facilmente.

Mas não é que tenha má intenção...

...apenas fala o que pensa.

Esse signo não consegue mentir...

...mas a verdade...

...pode ser bem dolorida.

Nunca ficará chato.

O signo de sagitário sempre deixa uma impressão marcante.

...por isso, logo conhece grandes pessoas.

Para sagitário, a amizade é mais importante do que o a

Quando encontra sua alma gêmea...

...dá tudo por ela.

Em questões amorosas, sagitário é exigente.

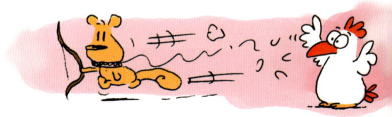

Apenas quando deixam um espaço livre...

...e ficam atrás dele...

...podem conquistar seu coração.

...que ficará impregnado o dia todo.

Quando a escolha é feita:

da boa pontaria desse signo...

...não se escapa!

Sagitário é um bom observador,
  sempre amigável e solícito

Ele sempre ajuda alguém a atravessar a rua.
Quer se queira, quer não.

São corsários, descobridores e aventureiros.

E, se não tiverem a possibilidade
de vivenciar isso direito,
podem ficar superinfelizes.

A única forma de se tirar sagitário do fundo do poço...

...é um novo objetivo.

Novos objetivos constantes mantêm sagitário em açã

Por isso, os amigos precisam estar
em boa forma para o acompanhar.

E, assim,
uma cadeira de escritório
provavelmente não vai conseguir
lhe tirar um sorriso.

Sagitário é perseverante em querer se superar tanto física quanto mentalmente.

Quando algo lhe acontece...

...fica novamente um bom tempo sumido.

Às vezes, o signo de sagitário pode ser.

vaidoso,

exigente,

mandão

e teatral.

Mas também é todo coração...

generoso, cosmopolita,

otimista

e direto.

TÍTULO ORIGINAL *Die zielstrebige Schütze*
© 2015 arsEdition GmbH, München – Todos os direitos reservados.
© 2017 VR Editora S.A.

EDIÇÃO Fabrício Valério
EDITORA-ASSISTENTE Natália Chagas Máximo
TRADUÇÃO Natália Fadel Barcellos
REVISÃO Felipe A. C. Matos
DIREÇÃO DE ARTE Ana Solt
DIAGRAMAÇÃO Balão Editorial

Dados Internacionais de Catalogação na Publicação (CIP)
(Câmara Brasileira do Livro, SP, Brasil)

Holzach, Alexander
 Sagitário: o signo determinado / Alexander Holzach; [tradução Natália Fadel Barcellos]. — São Paulo: VR Editora, 2017.

Título original: *Die zielstrebige Schütze*
ISBN 978-85-507-0117-2

1. Astrologia 2. Horóscopos 3. Signos e símbolos I. Título.

17-04662   CDD-133.54

Índices para catálogo sistemático:
1. Horóscopos: Astrologia 133.54

SUA OPINIÃO É
MUITO IMPORTAN
Mande um e-mail pa
opiniao@vreditoras.co
com o título deste li
no campo "Assunto

Todos os direitos desta edição reservados à
VR EDITORA S.A.
Via das Magnólias, 327 - Sala 1 | Jd. Colibri
CEP 06713-270 | Cotia | SP
Tel.| Fax: (+55 11) 4702-9148
vreditoras.com.br | editoras@vreditoras.com.br

1ª edição, nov. 2017
2ª reimpressão fev. 20
FONTES SoupBone e
KG Be Still And Know
IMPRESSÃO GSM
LOTE GSM070223